CB031082

Onde está você
Iemanjá?

Onde está você Jemanjá?

Leny Werneck

Philippe Davaine

1ª Edição

Rio de Janeiro | 2011

CIP-BRASIL. CATALOGAÇÃO-NA-FONTE
SINDICATO NACIONAL DOS EDITORES DE LIVROS, RJ

W524o

Werneck, Leny, 1933-
Onde está você, Iemanjá? / Leny Werneck; [ilustrações de Philippe Davaine]. - Rio de Janeiro: Galerinha Record, 2011.
il.

ISBN 978-85-01-09260-1

1. Iemanjá (Orixá) - Literatura infantojuvenil. 2. Literatura infantojuvenil brasileira I. Davaine, Philippe, 1953- II. Título.

11-0165 CDD: 028.5
CDU: 087.5

Copyright do texto © Leny Werneck, 2011
Copyright das ilustrações © Philippe Davaine, 2011

Os direitos morais dos autores foram assegurados.

Uma versão longa deste texto foi publicada no Brasil, com o título *ZÁZ!* pela Editora Salamandra, em 1990.
Fotografias das ilustrações: Vincent Tessier. Concepção gráfica: Pepito Lopez assistido por Colin Phu

Todos os direitos reservados.
Proibida a reprodução, no todo ou
em parte, através de quaisquer meios.
Os direitos morais do autor foram assegurados.

Texto revisado segundo o novo Acordo Ortográfico da Língua Portuguesa.

Direitos exclusivos desta edição reservados pela
EDITORA RECORD LTDA.
Rua Argentina 171 - Rio de Janeiro, RJ - 20921-380 - Tel.: 2585-2000

Impresso no Brasil

ISBN 978-85-01-09260-1

Seja um leitor preferencial Record
Cadastre-se e receba informações sobre nossos lançamentos e nossas promoções.

Atendimento e venda direta ao leitor:
mdireto@record.com.br ou (21) 2585-2002

Meu sincero agradecimento à Seção Francesa de Anistia Internacional pelo apoio.
Leny Werneck

Meu agradecimento à Embaixada da França no Brasil.
Assim como a todos os que me acolheram e hospedaram
durante minha estada em setembro de 1999.
Philippe Davaine

Está fazendo um calor danado.
As meninas se balançam na rede, fazendo preguiça.
— Vem, Camila, vamos dar uma volta.
Num pulo, e sem olhar para trás, Ana sai caminhando.
Camila finca o pé no muro e dá impulso.
Mais uma balançada, antes de seguir Ana.
Junto com Camila vai Bil, o cachorrinho de todo mundo.
A ideia de Ana e Camila é visitar os vizinhos
e dar uma espiada nos preparativos.

Hoje é 31 de dezembro. De noite, vai ser a festa do Ano-Novo e também a de Iemanjá, a bela sereia tomadora de conta de todos os mares.
É o acontecimento mais importante daquela ilhazinha escondida no fundo da grande baía, na beira do mar-oceano...
Para Camila, essa é uma noite misteriosa. Desde pequenina, ela escuta os atabaques e os cantos numa língua estranha que vêm de um terreiro, perto da casa dela, onde Iemanjá é uma deusa, a deusa dos mares.
Cada ano, quando chega essa festa, Camila fica pensando com quem deve se parecer essa guardadora dos mares.
E se, desta vez, Iemanjá aparecesse de repente bem no meio da festa dela? Ali mesmo, naquela ilhazinha do fim do mundo?

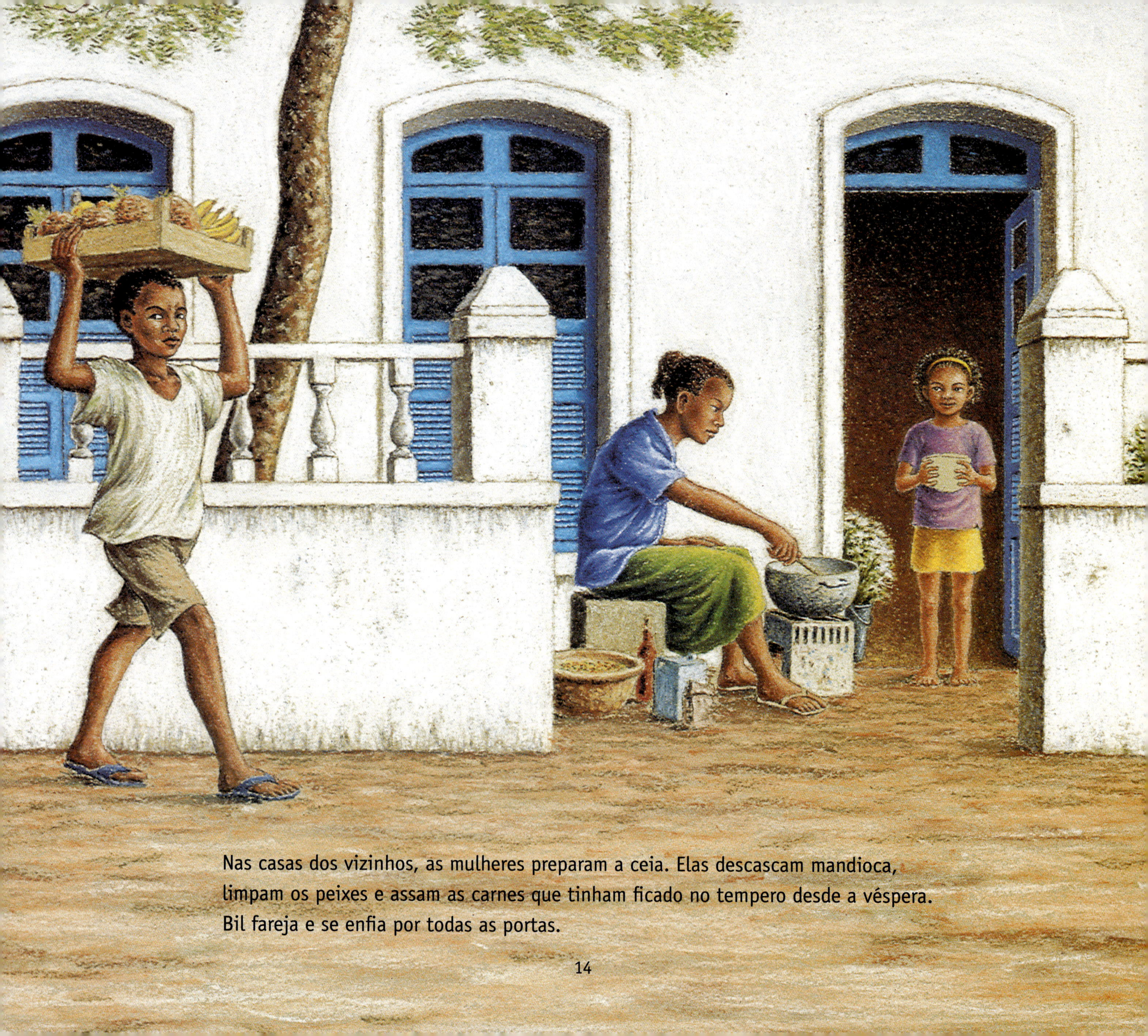

Nas casas dos vizinhos, as mulheres preparam a ceia. Elas descascam mandioca, limpam os peixes e assam as carnes que tinham ficado no tempero desde a véspera. Bil fareja e se enfia por todas as portas.

Nos jardins, os homens preparam caixas com barras de gelo para esfriar a cerveja, a batida, os sucos de frutas, o guaraná e outros refrigerantes.

Outros afinam os violões, as cuícas e os atabaques.
Os devotos de Iemanjá cuidam das roupas brancas, lavadas e passadas com todo cuidado, para vestir de noite. E dos presentes para oferecer ao mar: rosas e palmas, fitas coloridas, brincos, broches e colares, espelhos, perfumes... Tudo que possa agradar à bela deusa.

Camila, Ana, os primos e os amigos ajudam, mexem em tudo e correm de uma casa para outra.
Camila grita para Ana:
— Vamos ajudar Tia Regina?

É ela quem vai receber a família toda, de noite. Na cozinha, um grande pedaço de carne está assando no forno, cheiroso.
Logo que Tia Regina vê as meninas chegarem, ela propõe beberem um pouco de água fresca e depois irem dar uma olhada nos peixes.

Záz, o velho barquinho azul, é posto na água. Tia Regina
se instala no meio, com os remos, Ana vai para trás e Camila para a proa.
Bil fica pra lá e pra cá, entre os remos, as pernas e os bancos...

Mas o fundo do casco está mesmo bem velho e Záz, dessa vez, não resiste.
Começa a fazer água! Depressa, meia-volta!
Então Camila chama Iemanjá, em silêncio.

“Iemanjá, onde é que você está? Iemanjá, você está aí?”

ZÁZ

Quando Záz encosta na praia, derreado, é um grande alívio.
Camila tem certeza de que Iemanjá escutou o seu chamado e as salvou...
Um pequeno ajuntamento se forma em volta delas. Todo mundo começa a falar ao mesmo tempo, e depois vai embora.
Camila fica sozinha com Záz. Ela faz uma força enorme até que consegue botar o barco de lado.

Então, é o mar inteiro que escapa do velho casco desbotado, com todos os peixes, as ostras, os caranguejos e as algas.
E tudo o mais que a gente não conhece e que Camila também nunca viu.

A noite chegou, enfim. A família toda está reunida. Todo mundo come e bebe, conversa e canta e dança. Depois, eles vão encontrar os outros na praia, para festejar Iemanjá. Camila pega uma rosa amarela no jardim.
Centenas de velas brancas, colocadas na areia, iluminam a noite.

À meia-noite, explodem os fogos de artifício. Todos cantam, dançam e entram no mar, para levar as oferendas e os presentes.
Ana e Camila abraçam todo mundo:
Feliz Ano-Novo! Salve Iemanjá!

Tarde da noite, muita gente vai voltando para casa. A praia fica quase vazia.
Camila vai para junto de Záz. No céu ainda tem lua, toda branca.
Enluarado, o barquinho fica também quase branco, como se estivesse vestido para festejar Iemanjá.

Camila se deita na praia, com a cabeça encostada nas raízes rugosas de uma velha amendoeira. Com todo cuidado, ela põe a rosa amarela na areia, para não machucar. E então adormece.

De manhãzinha, com o sol nascendo, Camila acorda feliz.
Ela procura a rosa para pôr nos cabelos,
mas o vento da noite tinha levado.
Ou então Iemanjá veio buscar a flor...

“Assim como a Anistia Internacional se interessa pelo problema das violações dos direitos humanos de que são vítimas, em particular, as comunidades indígenas no Brasil, ela igualmente defende a visão de um mundo onde cada um possa viver livre e dignamente no respeito de seus direitos e de sua cultura. É nesse sentido que Anistia Internacional se associa a este livro que permite, através do olhar de Camila, descobrir um pouco da riqueza cultural do Brasil, fruto de uma luta pela liberdade.”

Anistia Internacional

Para saber mais sobre a Anistia Internacional, visite o site
http://www.br.amnesty.org/

Carta aos leitores

No Brasil, Iemanjá é uma deusa do candomblé, um culto religioso trazido para cá pelos africanos, há quase quinhentos anos. Os africanos foram trazidos ao Brasil como escravos pelos colonizadores portugueses. Eles foram forçados a se converter à religião católica. No entanto, conseguiram disfarçar seus deuses – os orixás – e suas cerimônias religiosas, por trás dos santos e das festas de seus senhores. Até a abolição da escravidão, em 1888, eles assim guardaram suas crenças, em segredo.
Ainda hoje, muitos brasileiros transmitem essa herança. Iemanjá, por exemplo, corresponde à Nossa Senhora da Imaculada Conceição do culto católico... Ela é bela, sedutora, tem cabelo comprido e usa um longo vestido azul e branco. E pode também tomar a forma de uma sereia, que sai do mar coroada por uma estrela, com flores e pérolas ao seu redor.

Leny Werneck

O texto deste livro foi composto no
desenho tipográfico ITC Officina Sans em corpo 14 entrelinha 20
e impresso na Prol Gráfica e Editora Ltda.